HANDTASCHEN KOCHBUCH

last minute

Rezepte: Martina Kittler
Fotos: Anne Rogge & Jan Jankovic

LUST AUF...?

Die bei den Rezepten angegebenen Zutaten machen 2 Personen satt.

SALATE

MÖHREN-AVOCADO-SALAT

Supergesunder Veggie-Gemüsemix

2 Mini-Römersalate
1 reife Avocado
200 g Möhren
4 EL Zitronensaft
100 g Sahnejoghurt
2 EL Olivenöl
Salz, Pfeffer
2 EL gemischte Kerne
1 TL flüssiger Honig
½ Beet Kresse
Zubereitung: 25 Min.
pro Portion ca. 530 kcal

1 Salate waschen, putzen und in Streifen schneiden. Avocado halbieren, entsteinen, schälen und in Stücke teilen. Möhren schälen und raspeln. Salat und Avocado auf Teller verteilen, mit 2 EL Zitronensaft beträufeln. Möhrenrohkost in die Mitte geben.

2 Joghurt mit dem übrigen Zitronensaft, 2 EL Wasser und Olivenöl glatt verrühren. Salzen und pfeffern, über das Gemüse träufeln.

3 Kerne in einer Pfanne 2–3 Min. bei mittlerer Hitze rösten. Honig untermischen, pfeffern. Honig-Kerne und abgeschnittene Kresse vor dem Servieren auf die Rohkost streuen.

ASIATISCHER ROHKOSTSALAT

Knackig-frisch und vegetarisch

1 rote Spitzpaprikaschote
125 g Chinakohl
1 Bio-Minigurke
5 Radieschen
50 g Radieschensprossen (Kühlregal)
2 EL Limettensaft
4 EL Kokosmilch (Dose)
1 EL Erdnussbutter
½ TL Sambal oelek
Salz
½ TL Zucker
2 EL Rapsöl
2 EL gesalzene, geröstete Erdnüsse

Zubereitung: 20 Min.
pro Portion ca. 265 kcal

1 Paprikaschote und Chinakohl waschen, putzen und in feine Streifen schneiden. Gurke und Radieschen waschen, putzen und in dünne Scheiben schneiden. Sprossen kurz waschen, abtropfen lassen.

2 Limettensaft, Kokosmilch, Erdnussbutter, Sambal oelek, Salz und Zucker mit dem Öl verrühren. Gemüse im Dressing wenden.

3 Rohkost-Mix auf Tellern anrichten. Erdnüsse hacken und vor dem Servieren aufstreuen.

GEMISCHTER SALAT MIT SPECK-CHIPS

Muntermacher mit krossem Biss

½ Kopfsalat
1 kleine Dose Mais (ca. 140 g)
1 Tomate
2 Frühlingszwiebeln
1 hart gekochtes Ei
100 g Bauchspeck in dünnen Scheiben
5 EL Gemüsebrühe
2 EL Weißweinessig
1 TL Senf
3 EL Olivenöl
Salz
Pfeffer

Zubereitung: 25 Min.
pro Portion ca. 580 kcal

1 Salat waschen, putzen, trocken schleudern und mundgerecht zerpflücken. Mais abtropfen lassen. Tomate waschen, in Spalten schneiden. Frühlingszwiebeln waschen, putzen und in feine Ringe schneiden. Ei pellen, in Scheiben teilen. Alle Zutaten auf Tellern dekorativ anrichten.

2 Speck in einer Pfanne ohne Fett beidseitig knusprig braten. Speck herausnehmen, auf Küchenpapier abtropfen lassen, dann in Stücke schneiden. Bratensatz mit Brühe ablöschen und unter Rühren loskochen. Essig, Senf und Öl unterrühren, salzen und pfeffern. Sauce über Salat träufeln und mit Speck bestreuen.

GRÜNER SPARGEL MIT VINAIGRETTE

Würzig-frischer Genuss, vegetarisch

500 g grüner Spargel
Salz
2 Eier
1 Schalotte
1 Tomate
2 EL Balsamico bianco
½ TL Senf
Pfeffer
4 EL Olivenöl
½ Bund Schnittlauch
Zubereitung: 30 Min.
pro Portion ca. 320 kcal

1 Spargel waschen, Endstücke entfernen, unteres Drittel schälen. Spargel in kochendem Salzwasser 10 Min. garen. Eier in 10 Min. hart kochen, dann abschrecken und abkühlen lassen.

2 Schalotte schälen, fein hacken. Tomate waschen, halbieren, entkernen und klein würfeln. Essig mit 4 EL Wasser, Senf, Salz, Pfeffer und Öl verrühren. Schalotten- und Tomatenwürfel unterheben.

3 Spargel abtropfen lassen und auf Tellern anrichten. Mit der Vinaigrette beträufeln. Eier pellen und hacken. Schnittlauch waschen und in Röllchen schneiden. Beides über den Spargel streuen. Dazu schmeckt Stangenweißbrot.

FENCHEL-PHYSALIS-SALAT

Macht fit und satt

1 Fenchelknolle
100 g Physalis
5 Zweige Thymian
½ Orange
1 EL Balsamico bianco
Salz
Pfeffer
2 EL Olivenöl
50 g Bresaola (Rinderschinken, ersatzweise Parmaschinken)
etwas Parmesan

Zubereitung: 15 Min.
pro Portion ca. 195 kcal

1 Fenchel putzen, längs halbieren, Strunk herausschneiden, Fenchelgrün abschneiden. Fenchel in feine Streifen schneiden. Physalis aus den Blättern lösen und halbieren. Thymian waschen, trocken schütteln, Blätter abstreifen und hacken.

2 Orange auspressen. Saft in einer Schüssel mit Essig, Salz, Pfeffer und Öl verquirlen. Fenchel, Physalis, Thymian und Fenchelkraut in der Vinaigrette wenden. Mit dem Schinken auf Tellern anrichten. Parmesan in grobe Späne raspeln, auf den Salat streuen. Dazu schmeckt knuspriges Baguette.

ROTER LINSENSALAT MIT PUTENSTREIFEN

Besonders fein im Herbst

50 g rote Linsen
Salz
150 g eingelegte Rote-Bete-Kugeln (Glas)
75 g Feldsalat
2 EL Zitronensaft
Pfeffer
1 TL Meerrettich (Glas)
3 EL Olivenöl
150 g Putenschnitzel
1 EL Schmand

Zubereitung: 30 Min.
pro Portion ca. 330 kcal

1 Linsen in kochendem Salzwasser 5 Min. garen, abgießen (3 EL Kochsud auffangen!), abschrecken und abtropfen lassen. Inzwischen Rote Bete in Scheiben schneiden. Feldsalat waschen, putzen und verlesen. Die drei Zutaten auf Tellern anrichten. Abgenommenen Kochsud, Zitronensaft, Salz, Pfeffer, Meerrettich und 2 EL Öl verquirlen, über das Gemüse träufeln.

2 Fleisch in Streifen schneiden, salzen und pfeffern. Übriges Öl in einer Pfanne erhitzen, Putenstreifen unter Wenden 5 Min. braten, auf dem Salat verteilen. Bratensatz mit Schmand und 2 EL Wasser ablöschen und unter Rühren loskochen, über den Salat träufeln. Dazu schmeckt Walnussbrot.

HÄHNCHENBRUSTSALAT NACH THAI-ART

Auch fein für Gäste

300 g Hähnchenbrust-filet
2 EL Rapsöl
Salz, Pfeffer
je 1 kleine rote und gelbe Paprikaschote
2 Frühlingszwiebeln
75 ml Hühnerbrühe
1 EL Fischsauce
1 EL Sojasauce
1 EL Limettensaft
1 TL Sesamöl
4 Zweige Koriandergrün

Zubereitung: 25 Min.
pro Portion ca. 325 kcal

1 Hähnchenfilet waschen, trocken tupfen. 1 EL Öl in einer Pfanne erhitzen, Fleisch darin bei mittlerer Hitze auf jeder Seite 6 Min. braten. Herausnehmen, salzen und pfeffern. Filet in Alufolie wickeln, ruhen lassen.

2 Paprika und Frühlingszwiebeln waschen, putzen, in feine Streifen schneiden. Übriges Öl in der Pfanne erhitzen, Paprika darin 2 Min. rührbraten. Zwiebeln zufügen. Brühe angießen, mit Fisch- und Sojasauce, Limettensaft, Sesamöl und Pfeffer würzen. Filet schräg aufschneiden, anrichten. Gemüse samt Marinade darauf verteilen. Koriander abzupfen, daraufstreuen.

MELONEN-NUDELSALAT MIT FLUSSKREBSEN

Macht was her

100 g Muschelnudeln
Salz
300 g Cantaloup-Melone
1 Chicorée
125 g Flusskrebse (Kühlregal)
2 EL Balsamico bianco
2 EL Apfelsaft
Pfeffer
2–3 EL Rapsöl
½ Bund Dill

Zubereitung: 25 Min.
pro Portion ca. 380 kcal

1 Die Nudeln in Salzwasser nach Packungsangabe bissfest garen, abgießen, abschrecken und abtropfen lassen. Inzwischen die Melone entkernen, in Spalten schneiden, die Schale entfernen, das Fruchtfleisch würfeln oder Kugeln ausstechen. Chicorée putzen, halbieren und in 1 cm breite Streifen schneiden. Die Krebse abtropfen lassen.

2 Essig, Apfelsaft, Salz, Pfeffer und Öl in einer großen Schüssel verquirlen. Nudeln, Chicorée, Melonenstücke und Krebse untermischen. Salzen und pfeffern. Dill waschen, trocken schütteln, abzupfen, grob hacken und unter den Salat heben.

BULGURSALAT MIT PFIFFERLINGEN

Thymianwürziger Aromaknüller, vegetarisch

1 kleine Zwiebel
4 EL Olivenöl
125 g Bulgur
250 ml Gemüsebrühe
150 g Pfifferlinge
100 g Kirschtomaten
50 g Rucola
6 Zweige Thymian
Salz
Pfeffer
2 EL Weißweinessig
Zubereitung: 30 Min.
pro Portion ca. 445 kcal

1 Zwiebel schälen, würfeln und in 1 EL Öl glasig dünsten. Bulgur zufügen, kurz mitdünsten. Brühe angießen. Bulgur aufkochen und zugedeckt bei milder Hitze 10 Min. quellen, dann offen abkühlen lassen, bis er lauwarm ist.

2 Pfifferlinge putzen, grob zerteilen. Tomaten waschen, halbieren. Rucola waschen, trocken schütteln und verlesen. Thymian waschen, Blättchen abstreifen und hacken. 1 EL Öl in einer Pfanne erhitzen, Pilze darin mit dem Thymian 5 Min. braten, salzen und pfeffern.

3 Essig, 2 EL Wasser, Salz, Pfeffer und 2 EL Öl verrühren. Bulgur, Pilze, Tomaten und Rucola untermischen. Salzen und pfeffern.

BOHNENSALAT MIT CIABATTA

Pures Sommervergnügen, vegetarisch

150 g grüne TK-Bohnen
Salz
130 g weiße Bohnen (Dose)
150 g kleine Tomaten
1 kleine rote Zwiebel
1 Ciabattabrötchen
2 ½ EL Olivenöl
6 EL Gemüsebrühe
1 EL Rotweinessig
Pfeffer
50 g Feta
6 Basilikumblätter

Zubereitung: 25 Min.
pro Portion ca. 345 kcal

1 Grüne Bohnen in kochendem Salzwasser 5 Min. garen, abschrecken, abtropfen lassen, dann halbieren. Weiße Bohnen abgießen, abtropfen lassen. Tomaten waschen und sechsteln. Zwiebel schälen und in feine Streifen schneiden. Brötchen in 1,5 cm große Würfel schneiden, in ½ EL Öl in einer Pfanne 3–4 Min. anrösten.

2 Brühe, Essig, Salz, Pfeffer und übriges Öl verquirlen. Bohnen, Tomaten, Zwiebeln und Croûtons darin wenden. Feta zerbröckeln, mit dem Basilikum auf den Salat streuen.

SNACKS

ZIEGENKÄSE-SALTIMBOCCA AUF SALAT

Bistro-Stimmung für zu Hause

2 runde Ziegenkäse (à ca. 80 g)
4 Salbeiblätter
4 Scheiben Parmaschinken
125 g fertige Salatmischung (Kühlregal)
4 reife Aprikosen
2 EL Balsamico bianco
Salz
Pfeffer
2 TL flüssiger Honig
2 EL Walnussöl
1 EL Olivenöl

Zubereitung: 20 Min.
pro Portion ca. 545 kcal

1 Ziegenkäse halbieren, so dass vier Taler entstehen. Zwei Scheiben mit je 2 Salbeiblättern und übrigen Käsescheiben belegen. Mit je 2 Schinkenscheiben umwickeln.

2 Salatmix waschen, trocken schleudern, auf Tellern anrichten. Aprikosen waschen, entsteinen, in Spalten schneiden, dazulegen. Den Essig mit 2 EL Wasser, Salz, Pfeffer, Honig und Walnussöl verrühren, über den Salat träufeln.

3 Olivenöl in einer beschichteten Pfanne erhitzen, Ziegenkäse auf jeder Seite 1 Min. anbraten. Auf dem Salat anrichten. Dazu schmeckt Baguette.

AUBERGINEN MIT JOGHURTSAUCE

Knofelig wie beim Griechen, vegetarisch

2 kleine Auberginen
Salz
4 EL Olivenöl
2 Knoblauchzehen
2 TL getrockneter Oregano
50 g Feta
150 g Sahnejoghurt
1–2 EL Zitronensaft
Pfeffer
½ Bund Basilikum

Zubereitung: 30 Min.
pro Portion ca. 385 kcal

1 Backofen auf 220° (Umluft nicht geeignet) vorheizen. Auberginen waschen, putzen, längs in 5 mm dicke Scheiben schneiden. Salzen, ziehen lassen. Backblech mit 2 EL Öl einpinseln. Knoblauch schälen, fein hacken, mit 1 TL Oregano auf das Blech streuen. Auberginen trocken tupfen, darauflegen, mit übrigem Oregano bestreuen und mit 2 EL Olivenöl beträufeln. Im Ofen (2. Schiene von oben) 15 Min. backen.

2 Feta und 2 EL Joghurt pürieren, mit übrigem Joghurt und Zitronensaft verrühren. Salzen und pfeffern. Basilikum abzupfen, in feine Streifen schneiden, unterheben. Die gebackenen Auberginen mit dem Dip servieren. Dazu schmeckt Fladenbrot.

GEGRILLTE TOMATEN MIT HALLOUMI

Ideal für heiße Tage, vegetarisch

2 Fleischtomaten
125 g Halloumi
(zypriotischer Käse)
Salz, Pfeffer
1 Zweig Rosmarin
1 Knoblauchzehe
2 EL Olivenöl
4 Zweige Petersilie
Zubereitung: 25 Min.
pro Portion ca. 305 kcal

1 Tomaten waschen, vom Stielansatz befreien, in knapp 1 cm dicke Scheiben schneiden. Halloumi ebenfalls in Scheiben schneiden, mit den Tomaten abwechselnd überlappend in eine kleine Gratinform schichten. Salzen und pfeffern.

2 Backofengrill vorheizen. Rosmarin waschen, Blätter abstreifen und hacken. Knoblauch schälen, durchpressen. Beides mit dem Olivenöl mischen, über Tomaten und Käse träufeln. Unter dem heißen Ofengrill (oben) 5–7 Min. grillen.

3 Petersilie waschen, trocken schütteln, abzupfen, hacken und vor dem Servieren auf das Gratin streuen. Dazu schmeckt Baguette.

ROASTBEEF-WRAP MIT BLATTSPINAT

Fingerfood mit Exoten-Touch

100 g Doppelrahm-Frischkäse
2 Weizen-Tortillas (Ø 24 cm)
schwarzer Pfeffer aus der Mühle
50 g Baby-Blattspinat
100 g Roastbeef-Aufschnitt
1 kleine Spitzpaprika
2 EL süß-scharfe Chilisauce

Zubereitung: 20 Min.
pro Portion ca. 395 kcal

1 Den Frischkäse auf die Tortillas streichen, dabei rundherum einen 1 cm breiten Rand freilassen. Mit Pfeffer würzen.

2 Den Blattspinat waschen, gut abtropfen lassen. Roastbeef mundgerecht zerpflücken. Spitzpaprika waschen, halbieren, entkernen und in dünne Streifen schneiden.

3 Spinat, Roastbeef und Paprika auf die Tortillas verteilen. Mit je 1 EL Chilisauce beträufeln. Diese fest aufrollen und schräg halbieren oder ganz lassen und die unteren Enden in Pergamentpapier wickeln.

QUESADILLAS MIT BOHNENMUS

Mexikanisch inspiriert, vegetarisch

200 g Kidneybohnen (Dose)
2 EL Limettensaft
Salz
Pfeffer
1 TL Chilipulver
1 große Tomate
100 g Champignons
1 Frühlingszwiebel
4 Weizen-Tortillas (22 cm Ø)
1 EL Jalapeños (eingelegte Chilischoten, Glas)
75 g geriebener Edamer
Backpapier fürs Blech
Zubereitung: 30 Min.
pro Portion ca. 510 kcal

1 Backofen auf 180° (Umluft 160°) vorheizen. Bohnen abtropfen lassen und mit Limettensaft fein pürieren. Mit Salz, Pfeffer und Chilipulver würzen. Tomate waschen, klein würfeln. Pilze putzen, in Scheiben schneiden. Frühlingszwiebel waschen, putzen, in feine Ringe schneiden.

2 Zwei Tortillas mit Bohnenmus bestreichen. Tomaten, Champignons, Zwiebeln, Chilis und Käse darauf verteilen. Mit übrigen Tortillas abdecken, andrücken. Auf mit Backpapier belegtem Blech im Ofen (Mitte) 15 Min. backen. In Stücke schneiden. Dazu passt Tomatensalsa.

KRÄUTERSEITLING-BRUSCHETTA

Vegetarische Knusperbrote alla Toskana

150 g Kräuterseitlinge (ersatzweise Champignons)
100 g Kirschtomaten
1 Knoblauchzehe
2 TL Pinienkerne
2 EL Olivenöl
1 EL TK-Petersilie
4 Scheiben Ciabattabrot
Salz
Pfeffer
4 Basilikumblätter

Zubereitung: 30 Min.
pro Portion ca. 250 kcal

1 Backofen auf 220° (Umluft 200°) vorheizen. Pilze putzen, halbieren, in Scheiben schneiden. Tomaten waschen und halbieren. Knoblauch schälen und fein würfeln.

2 Pinienkerne in einer Pfanne ohne Fett anrösten. Herausnehmen. 1 EL Öl in einer Pfanne erhitzen. Pilze darin 3–4 Min. anbraten. Knoblauch, Petersilie und Tomaten unterheben.

3 Brotscheiben auf dem Rost im Ofen (Mitte) in 4–5 Min. knusprig rösten. Pilze mit übrigem Öl mischen, mit Salz und Pfeffer würzen. Auf die Brote geben. Mit Pinienkernen bestreuen. Mit Basilikum garnieren.

LAUGENSTANGEN MIT CAMEMBERTCREME

Brotzeit wie auf der Wiesn, vegetarisch

1 reifer, runder Camembert (ca. 80 g)
½ Bund Schnittlauch
1 getrocknete Tomate in Öl
100 g Halbfett-Frischkäse
1 EL weiche Butter
Salz
Pfeffer
4 Radieschen
2 Laugenstangen

Zubereitung: 20 Min.
pro Portion ca. 355 kcal

1 Camembert klein würfeln, mit einer Gabel zerdrücken. Schnittlauch waschen, trocken schütteln und in Röllchen schneiden. Tomate abtropfen lassen und sehr fein hacken.

2 Frischkäse, Butter, Käse, Tomate und Schnittlauch bis auf 1 EL gut vermischen. Salzen und pfeffern. Radieschen waschen, putzen, in Scheiben schneiden.

3 Laugenstangen aufschneiden, Camembertcreme auf untere Hälften streichen. Mit Radieschen belegen, mit übrigem Schnittlauch bestreuen. Mit den oberen Laugenstangenhälften abdecken.

ZUCCHINI-SPECK-PFANNKUCHEN

Rustikal und delikat

100 g Mehl
Salz
1 TL getrockneter Thymian
3 Eier
200 ml Milch
1 kleiner Zucchino
Pfeffer
1 EL Olivenöl
50 g Speckwürfel
150 g Naturjoghurt
2 TL Zitronensaft

Zubereitung: 30 Min.
pro Portion ca. 620 kcal

1 Mehl mit Salz, Thymian, Eiern und Milch verrühren. Zucchino waschen, putzen und in 3 mm dünne Scheiben schneiden, salzen und pfeffern.

2 Etwas Öl in einer großen beschichteten Pfanne erhitzen. Speck darin kross braten, herausnehmen. Die Hälfte der Zucchini im Speckfett 1–2 Min. braten, die Hälfte des Specks und des Teigs dazugeben, Pfannkuchen 5 Min. backen, wenden. Weitere 2–3 Min. backen. Beim zweiten Pfannkuchen ebenso verfahren.

3 Joghurt mit Zitronensaft, Salz und Pfeffer verrühren. Auf den Pfannkuchen anrichten.

MAISKÜCHLEIN MIT TOMATEN-DIP

Pikantes aus dem Vorrat, vegetarisch

1 EL Butter
1 Ei
100 ml Buttermilch
Salz, Pfeffer
50 g Mehl
60 g Polenta
1 TL Backpulver
70 g Mais (Dose)
½ Bund Schnittlauch
1 EL Butterschmalz
2 EL Tomatenketchup
2 EL scharfer Ajvar
Zubereitung: 30 Min.
pro Portion ca. 395 kcal

1 Butter zerlassen. Ei mit Buttermilch, Salz und Pfeffer verrühren. Mehl, Polenta und Backpulver mischen, mit Butter und abgetropftem Mais unter die Eiermasse rühren. Schnittlauch waschen, fein schneiden und unterrühren.

2 Schmalz in einer großen beschichteten Pfanne erhitzen. Mit einem Esslöffel ca. 8–10 Häufchen vom Teig abstechen, ins heiße Fett geben und in 2–3 Min. auf jeder Seite bei mittlerer Hitze goldbraun backen. Inzwischen Ketchup und Ajvar verrühren. Salzen und pfeffern. Den Dip zu den Maisküchlein servieren. Dazu schmeckt grüner Salat.

KRÄUTERRÜHREI MIT FORELLE

Einfach zum Verwöhnen

4 Eier
4 EL Milch
Salz
Pfeffer
½ Bund Schnittlauch
½ Beet Kresse
1 EL Butter
4 Kirschtomaten
125 g geräuchertes Forellenfilet (ohne Haut)
2–3 Kopfsalatblätter

Zubereitung: 25 Min.
pro Portion ca. 300 kcal

1 Eier mit Milch, Salz und Pfeffer verquirlen. Schnittlauch waschen, trocken schütteln, in feine Röllchen schneiden. Kresse vom Beet schneiden. Kräuter bis auf 1 EL unter die Eiermilch rühren.

2 Butter in einer beschichteten Pfanne zerlassen. Eiermasse hineingeben, bei mittlerer Hitze in 3–4 Min. stocken lassen, dabei mit Pfannenwender von außen nach innen schieben.

3 Tomaten waschen, vierteln. Forellenfilet in mundgerechte Stücke schneiden. Rührei auf je 1 Salatblatt geben, mit übrigen Kräutern bestreuen. Forelle und Tomaten daneben anrichten. Dazu passt Pumpernickel.

KARTOFFELBRATLINGE MIT RÄUCHERLACHS

Ruck, zuck serviert

250 g Teig für Kartoffelpuffer (Kühlregal)
4–5 Zweige Petersilie
1 Eigelb
1 EL Mehl
Salz
Pfeffer
2 EL Rapsöl
2 EL Salatmayonnaise
3 EL saure Sahne
2 Dillzweige
100 g Räucherlachs
Zubereitung: 25 Min.
pro Portion ca. 475 kcal

1 Kartoffelteig in eine Schüssel geben. Petersilie waschen, trocken schütteln und hacken. Mit Eigelb, Mehl, Salz und Pfeffer unter den Teig mischen.

2 Öl in einer beschichteten Pfanne erhitzen. Den Teig esslöffelweise hineingeben und darin beidseitig in 4–5 Min. vier Bratlinge goldbraun braten. Inzwischen Mayonnaise und saure Sahne verrühren, salzen und pfeffern. Dill waschen, trocken schütteln, abzupfen, hacken und bis auf zwei Dillspitzen unterheben.

3 Kartoffelbratlinge mit Räucherlachs und Dip anrichten. Mit Dillspitzen garnieren.

ALLES AUS EINEM TOPF

LINSENCREMESUPPE MIT AJVAR

Pikant und ideal auch für Gäste, vegetarisch

1 kleine Zwiebel
1 EL Olivenöl
80 g rote Linsen
2 TL rosenscharfes Paprikapulver
250 ml Gemüsesaft
300 ml Gemüsebrühe
2 EL Ajvar
Salz, Pfeffer
2 EL saure Sahne
1 EL Röstzwiebeln (Fertigprodukt)

Zubereitung: 30 Min.
pro Portion ca. 260 kcal

1 Zwiebel schälen, würfeln und im heißen Öl glasig dünsten. Linsen dazugeben, Paprikapulver darüberstäuben und alles 1 Min. mitdünsten. Gemüsesaft und Brühe dazugießen, aufkochen lassen und zugedeckt bei mittlerer Hitze 10 Min. garen.

2 Die Suppe mit dem Stabmixer fein pürieren. Ajvar unterrühren, mit Salz und Pfeffer würzen. Suppe auf zwei Teller verteilen. Je 1 EL saure Sahne daraufgeben. Mit Röstzwiebeln bestreuen. Dazu schmeckt Sesam-Fladenbrot.

KOHLRABIRAHMSUPPE MIT GREMOLATA

Raffinierte Kombination, vegetarisch

1 Kohlrabiknolle (ca. 300 g)
1 kleine Kartoffel
1 EL Olivenöl
⅜ l Gemüsebrühe
1 Scheibe Pumpernickel
4 Zweige Petersilie
abgeriebene Schale von ½ Bio-Zitrone
50 g Sahne
Salz, Pfeffer
frisch geriebene Muskatnuss

Zubereitung: 30 Min.
pro Portion ca. 210 kcal

1 Kohlrabi und Kartoffel schälen und würfeln. Öl in einem Topf erhitzen, Kohlrabi und Kartoffel darin 2–3 Min. andünsten. Brühe dazugießen. Alles einmal aufkochen und 10 Min. bei mittlerer Hitze garen.

2 Inzwischen das Pumpernickel zerbröseln. Petersilie waschen, trocken schütteln, Blätter abzupfen und fein hacken. Pumpernickel, Petersilie und Zitronenschale mischen.

3 Suppe pürieren. Sahne gut unterrühren, mit Salz, Pfeffer und Muskat abschmecken. Anrichten und mit der Pumpernickel-Gremolata bestreuen.

TOMATENSUPPE MIT MOZZARELLA

Vegetarisch mit Schärfe-Kick

2 Frühlingszwiebeln
1 Knoblauchzehe
1 ½ EL Olivenöl
1 Dose geschälte Tomaten (ca. 400 g)
300 ml Gemüsebrühe
80 g Mini-Mozzarellakugeln
Salz, Pfeffer
1 Prise Zucker
½ TL Pulbiber (scharfe Paprikaflocken)

Zubereitung: 25 Min.
pro Portion ca. 220 kcal

1 Frühlingszwiebeln waschen, putzen, weiße Teile in Ringe, hellgrüne Teile in winzig kleine Würfel schneiden. Knoblauch schälen und fein würfeln. Zwiebelringe und Knoblauch im heißen Öl glasig dünsten. Tomaten und Brühe zugeben, aufkochen und bei mittlerer Hitze 10 Min. garen.

2 Mozzarellakugeln in einem Sieb abtropfen lassen. Suppe glatt pürieren, mit Salz, Pfeffer und Zucker würzen. Mit den Mozzarellabällchen anrichten. Fein mit Pulbiber bestreuen und das Frühlingszwiebelgrün darüberstreuen.

SÜSSKARTOFFELSUPPE MIT SURIMI

Exotischer Gruß aus der Karibik

1 Stück Ingwer (ca. 2 cm)
1 Knoblauchzehe
250 g Süßkartoffeln
2 EL Rapsöl
200 ml ungesüßte Kokosmilch (Dose)
250 ml Hühnerbrühe
50 g Zuckerschoten
Salz
Pfeffer
2 EL Limettensaft
100 g Surimi
2 EL frische Kresse

Zubereitung: 25 Min.
pro Portion ca. 450 kcal

1 Ingwer und Knoblauch schälen, fein würfeln. Kartoffeln schälen, würfeln. Ingwer, Knoblauch und Kartoffeln 2 Min. in 1 EL Öl dünsten. Kokosmilch und Brühe angießen und zugedeckt bei mittlerer Hitze 10 Min. kochen.

2 Zuckerschoten waschen, längs in Streifen schneiden. Im übrigen Öl in einer Pfanne bei starker Hitze 3 Min. rührbraten, salzen.

3 Suppe mit dem Stabmixer pürieren. Mit Salz, Pfeffer und Limettensaft abschmecken. Surimi in Scheiben schneiden, mit der Kresse und den Zuckerschoten auf die Suppe geben.

SCHARFE NUDELSUPPE MIT RINDERFILET

West-östliche Liaison

50 g Reisnudeln
200 g Rinderfilet
3 EL Sojasauce
150 g Zucchini
125 g gelbe und rote Kirschtomaten
1 Stück Ingwer (ca. 1,5 cm)
600 ml Hühnerbrühe
½ TL Sambal oelek
3–4 Zweige Koriandergrün

Zubereitung: 30 Min.
pro Portion ca. 270 kcal

1 Nudeln nach Packungsangabe überbrühen, quellen und abtropfen lassen. Fleisch trocken tupfen, in dünne Scheiben schneiden und mit 2 EL Sojasauce marinieren. Zucchino waschen, putzen, längs halbieren, in dünne Scheiben schneiden. Tomaten waschen und halbieren. Ingwer schälen und in Scheiben schneiden.

2 Brühe und Ingwer aufkochen. Fleisch hineingeben, bei milder Hitze 1 Min. ziehen lassen. Zucchini, Tomaten und Nudeln dazugeben, einmal aufkochen lassen. Mit übriger Sojasauce und Sambal oelek würzen. Koriandergrün waschen, abzupfen, aufstreuen.

STEINPILZ-BOUILLON MIT SPINAT-RAVIOLI

Vegetarischer Aromaknüller vom Feinsten

10 g getrocknete Steinpilze
500 ml Gemüsebrühe
1 Zwiebel
1 EL Olivenöl
2 Tomaten
250 g Ravioli mit Spinatfüllung (Kühlregal)
150 g TK-Erbsen
Salz
Pfeffer
6 Zweige Petersilie

Zubereitung: 25 Min.
pro Portion ca. 370 kcal

1 Steinpilze in 100 ml heißer Brühe einweichen. Zwiebel schälen, fein würfeln und im Öl glasig dünsten. Steinpilze abgießen, zerkleinern, samt Einweichflüssigkeit und übriger Brühe dazugeben und aufkochen lassen.

2 Inzwischen Tomaten waschen, vierteln, entkernen und würfeln. Zusammen mit Ravioli und Erbsen in die Brühe geben, aufkochen und 3 Min. bei schwacher Hitze kochen lassen. Mit Salz und Pfeffer würzen.

3 Petersilie waschen, trocken schütteln, Blätter abzupfen und hacken. Auf die Suppe streuen.

KICHERERBSENTOPF MIT CHORIZO

Mit Chili-Schärfekick

150 g Chorizo (scharfe spanische Wurst)
400 g festkochende Kartoffeln
1 Knoblauchzehe
1 EL Olivenöl
600 ml Hühnerbrühe
1 Stange Lauch
1 rote Chilischote
130 g Kichererbsen (Dose)
Salz
Pfeffer

Zubereitung: 30 Min.
pro Portion ca. 670 kcal

1 Chorizo in Scheiben schneiden. Kartoffeln schälen, waschen und würfeln. Knoblauch schälen, fein hacken. Öl in einem Topf erhitzen, Chorizo 1–2 Min. anbraten, herausnehmen. Kartoffeln und Knoblauch im Bratfett 3 Min. braten, mit Brühe aufgießen, zugedeckt 10 Min. kochen.

2 Lauch waschen, putzen, in Ringe schneiden. Chilischote halbieren, Kerne entfernen, die Hälften waschen und in feine Streifen schneiden. Kichererbsen abtropfen lassen. Mit Chili und Lauch in den Topf geben, 5 Min. offen kochen lassen. Mit Salz und Pfeffer würzen. Chorizo unterheben.

SAHNIGER MEERES-FRÜCHTETOPF

Cremig und mildwürzig

1 kleine Zwiebel
200 g festkochende Kartoffeln
1 kleine Möhre
1 kleiner Fenchel
100 g Zucchini
1 EL Rapsöl
400 ml Fischfond (Glas)
200 g Sahne
300 g TK-Meeresfrüchtemischung, gekocht
Salz
Pfeffer
1–2 TL Zitronensaft
½ Bund Dill

Zubereitung: 30 Min.
pro Portion ca. 565 kcal

1 Zwiebel schälen, fein hacken. Kartoffeln schälen, würfeln. Möhre, Fenchel, Zucchini putzen, waschen oder schälen, in dünne Scheiben schneiden. Öl erhitzen, Zwiebel darin glasig dünsten. Mit Fond und Sahne aufgießen, aufkochen lassen. Kartoffeln, Möhren und Fenchel zugeben, bei milder Hitze zugedeckt 10 Min. garen, nach 5 Min. Zucchinischeiben zugeben.

2 Meeresfrüchte in den Topf geben, einmal aufkochen und bei schwacher Hitze in 5 Min. gar ziehen lassen. Eintopf mit Salz, Pfeffer und Zitronensaft würzen. Dill abbrausen, trocken schütteln, abzupfen, fein hacken und unterrühren.

HÄHNCHEN-RAGOUT MIT CASHEWKERNEN

Ein Hauch von Orient

350 g Möhren
1 rote Zwiebel
1 Knoblauchzehe
300 g Hähnchenbrustfilet
Salz, Pfeffer
2 EL Olivenöl
50 g Cashewkerne
250 ml Hühnerfond (Glas)
Saft von 1 Orange
1 EL heller Saucenbinder
2 EL TK-Petersilie

Zubereitung: 30 Min.
pro Portion ca. 490 kcal

1 Möhren putzen, schälen, in dünne Scheiben schneiden. Zwiebel schälen, in feine Streifen teilen. Knoblauch schälen, fein hacken. Fleisch waschen, trocken tupfen und in Würfel (2 x 2 cm) schneiden. Salzen und pfeffern.

2 Öl im Schmortopf erhitzen. Fleisch rundum 3–4 Min. anbraten, herausnehmen. Cashewkerne, Möhren, Zwiebeln und Knoblauch im Bratfett 3–4 Min. bei mittlerer Hitze dünsten. Fond und Orangensaft angießen, aufkochen. Fleisch zufügen, zugedeckt 10 Min. schmoren. Das Ragout binden, abschmecken und mit Petersilie bestreuen.

SPITZKOHL-RISOTTO MIT PILZEN

Vegetarisches für Italia-Fans

1 Zwiebel
1 Knoblauchzehe
250 g Spitzkohl
3 EL Olivenöl
150 g Risotto-Reis
100 ml Weißwein
350–400 ml heiße Gemüsebrühe
Salz
Pfeffer
125 g Champignons
50 g geriebener würziger Hartkäse
2 EL TK-Petersilie

Zubereitung: 30 Min.
pro Portion ca. 570 kcal

1 Zwiebel und Knoblauch schälen, fein würfeln. Spitzkohl putzen, vom Strunk befreien und in feine Streifen schneiden.

2 In einem Topf 2 EL Öl erhitzen. Zwiebel und Knoblauch andünsten. Reis kurz mitbraten. Wein angießen und offen verdampfen lassen. Kohl und 150 ml heiße Brühe zufügen, salzen und pfeffern. Unter Rühren 15–18 Min. garen, nach und nach übrige heiße Brühe zugießen.

3 Pilze fein schneiden, im übrigen heißen Öl 2–3 Min. braten. Mit Käse und Petersilie unter den Risotto heben. Salzen und pfeffern.

TOFU MIT GURKEN SÜSS-SAUER

Klassiker, mal vegetarisch

200 g Tofu
1 TL Sambal oelek
500 g Schmorgurken (ersatzweise Salatgurke)
1 rote Paprikaschote
1 kleine Zwiebel
2 EL Erdnussöl
100 ml Gemüsebrühe
1–2 EL Sojasauce
1–2 EL Obstessig
1 TL Zucker
Salz, Pfeffer
1 TL Speisestärke
Zubereitung: 30 Min.
pro Portion ca. 255 kcal

1 Tofu 1,5 cm groß würfeln, mit Sambal oelek mischen. Gurken schälen, längs halbieren, entkernen und in 1,5 cm dicke Stücke schneiden. Paprika putzen, waschen, in Streifen schneiden. Zwiebel schälen, würfeln.

2 In einem Topf 1 EL Öl erhitzen. Gurken, Paprika und Zwiebeln 3 Min. andünsten. Brühe angießen. Sojasauce zufügen, Gemüse 3 Min. dünsten. Mit Essig, Zucker, Salz und Pfeffer würzen. Stärke mit 2 EL Wasser verquirlen, Gemüse binden. Tofu im übrigen Öl 3–4 Min. anbraten, unter das Gurkengemüse heben. Dazu schmeckt Patna-Reis.

NUDELN & CO.

SPARGEL-LINGUINE MIT FLUSSKREBSEN

Sahnig-edler Genuss

200 g Linguine, Salz
250 g grüner Spargel
1 Schalotte
1 Knoblauchzehe
1 EL Olivenöl
100 g Sahne
200 ml Gemüsefond (Glas)
1 EL heller Saucenbinder
100 g Flusskrebsschwänze (Kühlregal)
Pfeffer
4–6 Basilikumblätter

Zubereitung: 30 Min.
pro Portion ca. 625 kcal

1 Nudeln nach Packungsangabe in kochendem Salzwasser garen. Inzwischen Spargel waschen, putzen, im unteren Drittel schälen und schräg in 4 cm lange Stücke schneiden.

2 Schalotte und Knoblauch schälen, fein würfeln und in einer großen Pfanne im heißen Öl glasig dünsten. Mit Sahne und Fond ablöschen, aufkochen. Mit Saucenbinder andicken. Spargel dazugeben, 6 Min. bei milder Hitze garen.

3 Nudeln abtropfen lassen, mit den Krebsen zum Spargel geben, kurz erwärmen, salzen und pfeffern. Mit grob gehacktem Basilikum bestreut servieren.

SPINATNUDELN MIT ZIEGENKÄSE

Pikant-scharfes Pasta-Glück, vegetarisch

200 g Fusilli
Salz
1 Zwiebel
1 Knoblauchzehe
150 g Kirschtomaten
125 g Baby-Blattspinat
100 g Ziegenfrischkäse
3 EL Olivenöl
2 EL Pinienkerne
Pfeffer
Pulbiber (scharfe Paprikaflocken)

Zubereitung: 25 Min.
pro Portion ca. 735 kcal

1 Nudeln in reichlich kochendem Salzwasser nach Packungsangabe garen. Inzwischen Zwiebel und Knoblauch schälen, fein würfeln. Tomaten waschen und halbieren. Spinat waschen, trocken schütteln. Ziegenkäse grob zerkrümeln.

2 Öl in einer Pfanne erhitzen. Zwiebeln und Knoblauch darin andünsten. Pinienkerne dazugeben und 2 Min. mitrösten. Kirschtomaten zufügen, kurz anbraten.

3 Nudeln abtropfen lassen. Mit Spinat unter den Tomaten-Mix mischen. Mit Salz und Pfeffer würzen. Mit Ziegenkäse und Paprikaflocken bestreuen und sofort servieren.

PENNE ALL'ARRABIATA

Schmeckt wie in bella Italia

200 g Penne, Salz
50 g Räucherspeck
1 kleine Zwiebel
1 Knoblauchzehe
1 rote Chilischote
1 EL Butter
1 Dose stückige Tomaten (400 g)
Pfeffer
Zucker
2 EL TK-Petersilie
30 g geriebener Pecorino

Zubereitung: 25 Min.
pro Portion ca. 660 kcal

1 Nudeln nach Packungsangabe in reichlich kochendem Salzwasser garen. Inzwischen Speck in kleine Würfel schneiden. Zwiebel und Knoblauch schälen und würfeln. Chilischote halbieren, Kerne entfernen, die Hälften waschen und in feine Streifen schneiden.

2 Butter in einer Pfanne zerlassen. Speck, Zwiebeln und Knoblauch darin 2–3 Min. anbraten. Tomaten und Chili zugeben, mit Salz, Pfeffer und Zucker würzen. Alles bei milder Hitze 5 Min. kochen lassen. Nudeln bis auf 2 EL Kochwasser abgießen, beides unter die Sauce mischen, erhitzen. Salzen und pfeffern. Mit Petersilie und Pecorino bestreut servieren.

TORTELLINI MIT PUTE UND ZUCCHINI

Nach mediterraner Art, vegetarisch

300 g Putenbrustfilet
Salz
Pfeffer
½ TL abgeriebene Bio-Zitronenschale
250 g Tortellini mit Ricottafüllung (Kühlregal)
150 g zarte Zucchini
3 EL Olivenöl
30 g schwarze Oliven ohne Stein
2 EL rotes Pesto
4–6 Blätter Basilikum

Zubereitung: 30 Min.
pro Portion ca. 620 kcal

1 Fleisch waschen, trocken tupfen, in mundgerechte Stücke schneiden. Salzen, pfeffern und mit Zitronenschale einreiben. Die Tortellini nach Packungsangabe in Salzwasser garen.

2 Zucchini waschen, putzen, in dünne Scheiben schneiden. Fleisch auf beiden Seiten 4 Min. in 1 EL Öl anbraten, warm halten. Zucchini mit übrigem Öl 2 Min. anbraten. Oliven halbieren und zufügen.

3 Tortellini abgießen, abtropfen lassen. Mit Pesto und Putenfilet unter die Zucchinimischung heben. Salzen und Pfeffern. Mit Basilikum garnieren.

SPÄTZLE-PILZPFANNE MIT KÄSE

Speckwürziger Sattmacher

125 g Egerlinge
3 Frühlingszwiebeln
2 Tomaten
1 EL Rapsöl
60 g Bauchspeck in Streifen (Kühlregal)
350 g Spätzle (Kühlregal)
1 Pck. TK-Petersilie (40 g)
Salz, Pfeffer
2 Eier
80 g geriebener Emmentaler (Kühlregal)

Zubereitung: 25 Min.
pro Portion ca. 840 kcal

1 Pilze putzen, in Scheiben schneiden. Frühlingszwiebeln waschen, putzen und schräg in Stücke schneiden. Tomaten waschen, vierteln, entkernen, in Spalten teilen.

2 Öl erhitzen, Speck bei mittlerer Hitze knusprig braten. Pilze und Spätzle zugeben, 5 Min. mitbraten, ab und zu wenden. Zwiebeln, Tomaten und Petersilie untermischen, 1 Min. mitbraten. Salzen und pfeffern.

3 Eier verquirlen, in die Pfanne gießen. Bei milder Hitze 1 Min. stocken lassen. Mit Käse bestreuen, zugedeckt in 2 Min. schmelzen lassen.

KARTOFFELQUARK MIT MAKRELE

Erfrischend und vitalstoffreich

400 g mehligkochende Kartoffeln
Salz
300 g Bio-Minigurken
2 Frühlingszwiebeln
1–2 EL Balsamico bianco, Pfeffer
2 EL Rapsöl
125 g Magerquark
5 EL Sahne
2 Räuchermakrelenfilets (à ca. 100 g)

Zubereitung: 25 Min.
pro Portion ca. 575 kcal

1 Kartoffeln waschen, schälen, vierteln und in Salzwasser 10 Min. kochen.

2 Inzwischen Gurken waschen, abtrocknen, in dünne Scheiben hobeln. Frühlingszwiebeln waschen, putzen, weiße und hellgrüne Teile in dünne Ringe schneiden. Essig, Salz, Pfeffer und Öl verrühren. Gurken und Frühlingszwiebeln darin wenden.

3 Kartoffeln abgießen, kurz ausdampfen lassen, zerdrücken, mit Quark und Sahne glatt rühren. Kräftig mit Salz und Pfeffer würzen. Lauwarmen Kartoffelquark zusammen mit Gurkensalat und Makrelen servieren.

KARTOFFEL-KÜRBIS-KABANOSSI-PFANNE

Herzhaft-rustikaler Pfannenhit

300 g Hokkaido-Kürbis
300 g festkochende Kartoffeln
100 g Kabanossi
1 rote Zwiebel
1 EL Olivenöl
½ Bund Petersilie
1 EL Tomatenmark
200 ml Gemüsebrühe
Salz, Pfeffer

Zubereitung: 30 Min.
pro Portion ca. 395 kcal

1 Kürbis waschen, entkernen, Kartoffeln schälen, beides in 1 cm große Würfel schneiden. Kabanossi in dünne Scheiben schneiden. Zwiebel schälen und in Halbringe schneiden.

2 Öl in einer Pfanne erhitzen. Kabanossi in 1–2 Min. scharf anbraten. Aus der Pfanne nehmen. Zwiebeln, Kürbis und Kartoffeln unter Rühren bei mittlerer Hitze 10 Min. braten.

3 Petersilie waschen, trocken schütteln und hacken. Gemüse mit Tomatenmark und Brühe verrühren. Kabanossi dazugeben und alles noch 2–3 Min. kochen. Salzen und pfeffern. Petersilie unterheben. Dazu schmeckt Joghurt.

CHILI-ANANAS-REIS MIT GARNELEN

Karibisch inspiriert

125 g TK-Tiefseegarnelen
125 g 10-Minuten-Langkornreis
Salz
1 Zwiebel
1 Knoblauchzehe
1 rote Chilischote
1 rote Paprikaschote
1 Dose Ananasstücke (ca. 140 g)
2 EL Rapsöl
Pfeffer
Zubereitung: 30 Min.
pro Portion ca. 430 kcal

1 Garnelen antauen lassen. Reis in Salzwasser kochen, abgießen und abtropfen lassen. Inzwischen Zwiebel schälen, in feine Halbringe schneiden. Knoblauch schälen, fein würfeln. Chilischote halbieren, Kerne entfernen, die Hälften waschen und in feine Streifen schneiden. Paprikaschote waschen, putzen, vierteln, in Streifen schneiden. Ananas abtropfen lassen.

2 Öl in einer Pfanne stark erhitzen. Garnelen darin 1–2 Min. anbraten. Zwiebeln, Knoblauch, Chili und Paprika zugeben, 2 Min. unter Rühren anbraten. Reis und Ananas zufügen, 2–3 Min. mitbraten. Mit Salz und Pfeffer würzen.

GRATINIERTER GEMÜSEREIS

Mit dem Aroma des Südens, vegetarisch

1 kleine Zwiebel
1 Knoblauchzehe
400 g Zucchini
2 ½ EL Olivenöl
250 g Express-Reis
8 schwarze Oliven
1 Dose stückige Tomaten (ca. 400 g)
1 TL Kräuter der Provence
Salz
Pfeffer
50 g geriebener Gouda
Fett für die Form

Zubereitung: 30 Min.
pro Portion ca. 500 kcal

1 Backofen auf 220° (Umluft 200°) vorheizen. Zwiebel und Knoblauch schälen, fein würfeln. Zucchini waschen, putzen, längs halbieren, in 1 cm große Stücke schneiden. 2 EL Öl in einer Pfanne erhitzen, Zucchini, Zwiebeln und Knoblauch bei mittlerer Hitze 3 Min. anbraten. Reis, Oliven und Tomaten zufügen. Mit Kräutern, Salz und Pfeffer würzen. Unter Rühren 2–3 Min. kochen lassen.

2 Gratinform (30 x 20 cm) einfetten. Gemüse-Mix hineingeben. Käse aufstreuen und mit übrigem Öl beträufeln. Das Gratin im Ofen (Mitte) 10 Min. überbacken.

BULGUR-HÄHNCHEN-PFANNE

Macht schon optisch gute Laune

125 g Bulgur
375 ml Gemüsebrühe
125 g zarte Möhren
1 rote Zwiebel
200 g Hähnchenbrustfilet
2 EL Rapsöl
Salz
Pfeffer
75 g TK-Erbsen
150 g Sahnejoghurt
2 EL TK-Petersilie
Zubereitung: 25 Min.
pro Portion ca. 590 kcal

1 Bulgur in 250 ml kochende Brühe einstreuen, zugedeckt bei milder Hitze 10 Min. quellen lassen. Inzwischen Möhren schälen, in Scheiben schneiden. Zwiebel schälen, in Streifen schneiden. Fleisch waschen, trocken tupfen, in ½ cm dicke Scheiben schneiden.

2 Öl in einer Pfanne erhitzen. Fleisch darin 2 Min. anbraten. Salzen und pfeffern, herausnehmen. Möhren und Zwiebeln 2 Min. andünsten. Erbsen zugeben, mit übriger Brühe ablöschen. Zugedeckt bei mittlerer Hitze 8 Min. dünsten. Joghurt mit Salz, Pfeffer und Petersilie verrühren. Bulgur mit dem Fleisch unter das Gemüse mischen, eben erhitzen, würzen. Joghurt dazu reichen.

FISCH &
MEERESFRÜCHTE

SENF-FISCHSTÄBCHEN MIT DILLSCHMAND

Klassische Verbindung mit Knuspereffekt

2 TK-Lachsfilets (ca. 200 g)
1 EL Zitronensaft
Salz
Pfeffer
½ EL körniger Senf
100 g Schmand
½ TL Dijon-Senf
4 Zweige Dill
400 g festkochende Kartoffeln
3 EL Rapsöl
1 Eiweiß
2 EL Semmelbrösel

Zubereitung: 30 Min.
pro Portion ca. 615 kcal

1 Lachs 10 Min. antauen lassen, dann lauwarm waschen, trocken tupfen, mit Zitronensaft, Salz und Pfeffer würzen, rundum mit körnigem Senf einstreichen. Schmand mit Dijon-Senf, Salz und Pfeffer verrühren. Dill waschen, trocken schütteln, abzupfen, hacken und unterheben.

2 Kartoffeln schälen, in Scheiben hobeln und in 2 EL Öl in beschichteter Pfanne in 10 Min. goldbraun braten. Salzen und pfeffern.

3 Lachs durch das Eiweiß ziehen, in Bröseln wenden und im übrigen Öl in einer Pfanne bei mittlerer Hitze von jeder Seite 6–7 Min. braten. Mit Kartoffeln und Schmand servieren.

DORADE MIT KICHER-ERBSENPÜREE

Fein auf orientalische Art

2 TK-Doradenfilets mit Haut (à ca. 125 g)
Salz
Pfeffer
1 Dose Kichererbsen (ca. 265 g)
2 EL Olivenöl
1 EL Zitronensaft
½ TL gemahlener Kreuzkümmel
Cayennepfeffer
250 g Kirschtomaten
1 EL Pinienkerne
1 EL TK-Petersilie
Zubereitung: 30 Min.
pro Portion ca. 400 kcal

1 Fischfilets 10 Min. antauen lassen, lauwarm waschen, trocken tupfen, salzen und pfeffern. Inzwischen Kichererbsen abtropfen lassen, 2 EL Sud auffangen. Beides mit 1 EL Öl und Zitronensaft bei milder Hitze 5 Min. dünsten, dann pürieren. Mit Salz, Pfeffer, Kreuzkümmel und Cayennepfeffer würzen. Püree warm halten.

2 Tomaten waschen. In einer beschichteten Pfanne übriges Öl erhitzen. Filets mit Haut nach unten 4–5 Min. bei mittlerer Hitze anbraten. Wenden, Tomaten und Pinienkerne zufügen, weitere 4–5 Min. braten. Fisch mit Kichererbsenpüree und Petersilie anrichten.

ROTBARSCH MIT SALAT-SALSA

Kräuterfrisch und leicht

2 TK-Rotbarschfilets (à ca. 200 g)
2 EL Zitronensaft
1 Mini-Römersalatherz
1 rote Spitzpaprikaschote
1–2 EL Balsamico bianco
2 EL Olivenöl
Salz, Pfeffer
½ Beet Kresse
Zubereitung: 30 Min.
pro Portion ca. 325 kcal

1 Die Fischfilets 10 Min. antauen lassen, dann lauwarm waschen, trocken tupfen und mit Zitronensaft beträufeln. Salat putzen, längs halbieren und in sehr feine Streifen schneiden, dann hacken. Die Paprikaschote längs halbieren, putzen, waschen und fein würfeln.

2 Salat, Paprika, Essig und 1 EL Öl mischen. Die Salsa mit Salz und Pfeffer abschmecken. Kresse vom Beet schneiden, unterrühren.

3 Das übrige Öl in einer beschichteten Pfanne erhitzen, die Fischfilets darin bei mittlerer Hitze auf jeder Seite 6 Min. braten. Mit Salz und Pfeffer würzen. Fisch mit der Salat-Salsa anrichten.

TINTENFISCHE MIT GUACAMOLE

Raffinierte Kombination

1 Pck. TK-Backteig-Tintenfischringe (250 g)
125 g TK-Erbsen, Salz
1 Schalotte
1 kleine reife Avocado
2 EL Limettensaft
75 g Joghurt
Pfeffer
Tabasco
2 EL TK-Petersilie
2 Limettenspalten

Zubereitung: 30 Min.
pro Portion ca. 540 kcal

1 Backofen auf 220° (Umluft 200°) vorheizen. Tintenfische auf mit Backpapier belegtes Blech verteilen und im Ofen (Mitte) nach Packungsangabe in 12–15 Min. knusprig goldbraun backen, zwischendurch wenden.

2 Inzwischen Erbsen in Salzwasser 2 Min. kochen, abschrecken und abtropfen lassen. Schalotte schälen, fein würfeln. Avocado halbieren, entsteinen, schälen und grob zerteilen. Mit Limettensaft beträufeln, pürieren. Joghurt und Schalotte unterrühren. Mit Salz, Pfeffer und Tabasco abschmecken. Petersilie und Erbsen bis auf 1 EL untermischen, übrige Erbsen aufstreuen. Guacamole zu den Kalamari servieren. Mit Limettenspalten anrichten.

MATJES MIT BIRNEN-BOHNEN-SPECK

Macht satt und glücklich

150 g grüne TK-Bohnen
Salz
50 g Räucherspeck
1 Zwiebel
1 kleine Birne
4–5 Zweige Petersilie
1 EL Rapsöl
Pfeffer aus der Mühle
4 Matjesfilets
Zubereitung: 20 Min.
pro Portion ca. 725 kcal

1 Bohnen in reichlich kochendem Salzwasser 3 Min. kochen, abgießen und abtropfen lassen. Inzwischen Speck und geschälte Zwiebel fein würfeln. Birne waschen, entkernen und in feine Stücke schneiden. Petersilie waschen, trocken schütteln, abzupfen und hacken.

2 Öl in einer Pfanne erhitzen, Speck und Zwiebeln zugeben und bei mittlerer Hitze in 5 Min. goldbraun braten. Birnen und Bohnen unter den Speck-Mix mischen. Salzen und pfeffern.

3 Matjesfilets anrichten, Birnen-Bohnen-Speck-Mischung daraufgeben, mit Petersilie bestreut servieren. Dazu schmecken Pellkartoffeln.

FISCH-CURRY MIT GEMÜSE

Temperamentvolle Mischung

250 g TK-Tilapiafilet
Salz
Pfeffer
2 TL Limettensaft
1 Zwiebel
1 EL Erdnussöl
2 TL scharfes Currypulver
200 ml ungesüßte Kokosmilch (Dose)
100 ml Hühnerbrühe
300 g Brokkoli
1 Möhre
100 g TK-Erbsen

Zubereitung: 30 Min.
pro Portion ca. 425 kcal

1 Fisch 10 Min. antauen lassen, dann lauwarm waschen, trocken tupfen und in 3 cm breite Streifen schneiden. Mit Salz, Pfeffer und Limettensaft würzen. Zwiebel schälen, würfeln und im heißen Öl glasig dünsten. Curry zufügen, kurz anrösten. Kokosmilch und Brühe einrühren, aufkochen und offen bei mittlerer Hitze 5 Min. einkochen lassen.

2 Brokkoli waschen, in kleine Röschen teilen. Möhre schälen, in Scheiben schneiden. Beides mit den Erbsen in die Sauce geben, 2 Min. dünsten. Fisch in die Sauce geben, zugedeckt bei mittlerer Hitze in 15 Min. gar ziehen lassen. Dazu schmeckt Basmatireis.

MIESMUSCHELN IN TOMATEN-CHILI-SUD

Ein delikater Topf für zwei

1 Knoblauchzehe
1 Schalotte
1 rote Chilischote
1 Möhre
1 Staudensellerie
1 Pck. rohe TK-Miesmuscheln mit Schale (ca. 400 g)
250 ml Tomatensaft
Salz
Pfeffer
3–4 EL Zitronensaft
½ Bund gehackte Petersilie

Zubereitung: 25 Min.
pro Portion ca. 75 kcal

1 Knoblauch und Schalotte schälen, in dünne Scheiben schneiden. Chilischote halbieren, von Kernen befreien, waschen und in feine Streifen schneiden. Möhre schälen, in dünne Streifen schneiden. Sellerie waschen, in Scheiben schneiden. Muscheln antauen lassen.

2 In einem Topf Tomatensaft, ⅛ l Wasser, Knoblauch, Schalotte, Chili, ½ TL Salz, Pfeffer, Zitronensaft, Möhren und Sellerie aufkochen. Muscheln zugeben, bei mittlerer Hitze aufkochen, dann zugedeckt 5 Min. ziehen lassen, zwischendurch umrühren. Muscheln mit dem Tomatensud servieren. Petersilie aufstreuen. Dazu passt Baguette.

LAUCH-FORELLE AUS DEM OFEN

Vom Blech weg serviert

2 TK-Forellen, küchenfertig (à 350 g)
2 EL Zitronensaft
Salz, Pfeffer
400 g kleine neue Kartoffeln
40 g Kräuterbutter
250 ml Hühnerbrühe
1 Stange Lauch
150 g Kirschtomaten

Zubereitung: 30 Min.
pro Portion ca. 475 kcal

1 Backofen mit Blech auf 200° vorheizen. Forellen 10 Min. antauen lassen, lauwarm waschen, trocken tupfen, mit Zitronensaft beträufeln, salzen und pfeffern. Kartoffeln waschen, längs vierteln und mit den Forellen auf das heiße Blech legen. Butter zerlassen, darüberträufeln. Brühe angießen. Im Ofen (Mitte, Umluft 180°) 20-25 Min. garen.

2 Inzwischen Lauch waschen, putzen, das Weiße und Hellgrüne schräg in Ringe schneiden. In kochendem Salzwasser 1 Min. garen, abschrecken und abtropfen lassen. Tomaten waschen, mit dem Lauch zusammen 5 Min. vor Ende der Garzeit auf dem Blech verteilen.

SPARGEL-SCHOLLEN-FILET IM PÄCKCHEN

Edel und aromatisch

2–4 Nordsee-Schollenfilets (250 g)
Salz, Pfeffer
500 g grüner Spargel
Zucker
100 ml Gemüsefond (Glas)
2 EL Butter
2 EL TK-Dill
50 g Nordseekrabben
2 Bögen Backpapier (à 42 x 38 cm)

Zubereitung: 30 Min.
pro Portion ca. 250 kcal

1 Backofen mit Blech auf 200° vorheizen. Schollenfilets 10 Min. antauen lassen, lauwarm waschen, trocken tupfen, salzen und pfeffern. Vom Spargel Enden abschneiden, unteres Drittel schälen. Stangen einmal längs und einmal quer halbieren. Aufs Backpapier legen. Mit Salz, Pfeffer und Zucker würzen. Mit Fond beträufeln, mit 1 EL Butterflöckchen belegen.

2 Fisch auf den Spargel legen, übrige Butter daraufgeben. Enden des Papiers wie Bonbons zusammendrehen. Päckchen aufs Blech legen, im Ofen (Mitte, Umluft 180°) 20 Min. garen. Papier öffnen. Fischfilets mit Dill und Krabben bestreuen.

FISCHGRATIN MIT ZUCCHINI UND KÄSE

Für Italien-Fans

100 g Tomaten
100 g Zucchini
50 g geriebener würziger Hartkäse
1 EL kleine Kapern
2 EL Olivenöl
Salz, Pfeffer
½ Knoblauchzehe
4 TK-Seelachsfilets in eckigen Portionen (à 100 g)
6 Basilikumblätter
Zubereitung: 30 Min.
pro Portion ca. 365 kcal

1 Backofen auf 200° vorheizen. Tomaten waschen, halbieren und entkernen, Zucchini putzen, beides in kleine Würfel schneiden. Mit Käse, Kapern, 1 ½ EL Öl, Salz und Pfeffer mischen.

2 Eine Gratinform (18 x 28 cm) mit dem übrigen Öl einfetten, mit Knoblauch ausreiben. Gefrorene Fischfilets beidseitig salzen und pfeffern, in die Form legen. Gemüsemischung darauf verteilen. Im Ofen (Mitte, Umluft 180°) 20 Min. überbacken. Basilikum abzupfen, grob hacken, obendrauf streuen. Dazu schmeckt Baguette.

STEAK
& CO.

RINDERSTEAK MIT WASABI-BUTTER

Verschärft gut

75 g weiche Butter
½ TL Meersalz
abgeriebene Schale ½ Bio-Limette
1 TL Wasabi (Tube)
6 Zweige Koriandergrün
2 Entrecôte-Steaks (à ca. 180 g)
schwarzer Pfeffer aus der Mühle
1 EL Rapsöl, Salz

Zubereitung: 25 Min.
pro Portion ca. 475 kcal

1 Die Butter mit den Quirlen des Handrührgeräts cremig rühren. Meersalz, Limettenschale und Wasabi unterrühren. Koriandergrün waschen, trocken schütteln, abzupfen, fein hacken und ebenfalls unter die Butter mischen.

2 Die Steaks trocken tupfen, mit Pfeffer würzen. Das Öl in einer Pfanne erhitzen und die Steaks darin von beiden Seiten bei starker Hitze jeweils 2–3 Min. braten. Salzen und mit der Wasabi-Butter anrichten. Dazu passen Pommes frites (Fertigprodukt) aus dem Ofen.

ERDNUSS-SCHNITZEL MIT CURRY-STAMPF

Knusprig-saftige Komposition

500 g mehligkochende Kartoffeln
Salz
2 Schweineschnitzel (à 140 g)
Pfeffer
1 Ei
3 EL geröstete, ungesalzene Erdnüsse
3 EL Semmelbrösel
1 EL Mehl
2 EL Rapsöl
100 ml heiße Milch
1 TL Curry
40 g Kräuterbutter
1 Limette

Zubereitung: 30 Min.
pro Portion ca. 755 kcal

1 Kartoffeln schälen, vierteln, in Salzwasser 20 Min. garen. Inzwischen Fleisch trocken tupfen, salzen und pfeffern. Ei verquirlen. Nüsse hacken und mit den Bröseln mischen, auf einen Teller geben. Schnitzel erst im Mehl, dann im Ei und zum Schluss in der Nussmischung wenden. Öl in einer Pfanne erhitzen, Schnitzel von jeder Seite bei mittlerer Hitze 6–7 Min. braten.

2 Milch, Curry und Butter erhitzen. Kartoffeln abgießen, Milch-Mix dazugeben, zerstampfen, salzen und pfeffern. Kartoffelstampf mit Schnitzeln und Limettenscheiben anrichten.

KALBSSCHNITZEL MIT ARTISCHOCKEN

Kulinarisches Verwöhnprogramm

200 g grüne Bohnen
Salz
1 Dose Artischockenherzen (ca. 240 g)
2 Schalotten
3 EL Olivenöl
2 Kalbsschnitzel (à 130 g)
Pfeffer
1–2 EL Mehl
100 ml Kalbsfond (Glas)
1 EL TK-Petersilie

Zubereitung: 30 Min.
pro Portion ca. 360 kcal

1 Bohnen putzen, waschen, halbieren und in Salzwasser 5 Min. kochen, abgießen und abtropfen lassen. Artischocken abtropfen lassen und halbieren. Schalotten schälen und in Streifen schneiden.

2 In einer großen Pfanne 2 EL Öl erhitzen. Schnitzel salzen und pfeffern. In Mehl wenden und im heißen Öl von jeder Seite 1–2 Min. braten. Herausnehmen, warm halten.

3 Übriges Öl erhitzen. Schalotten, Bohnen und Artischocken darin unter Wenden 3 Min. dünsten. Fond angießen, salzen und pfeffern. Petersilie zufügen. Fleisch kurz erhitzen.

ROSMARIN-HÄHNCHEN MIT PEPERONATA

Sommerlich leicht und würzig

2 Hähnchenbrustfilets (à ca. 160 g)
1 Zweig Rosmarin
3 EL Olivenöl
Salz, Pfeffer
je 1 rote und gelbe Paprikaschote
1 Zwiebel
150 ml Hühnerbrühe
1 EL Aceto balsamico
Zubereitung: 30 Min.
pro Portion ca. 355 kcal

1 Hähnchenfilets waschen, trocken tupfen. Nadeln vom Rosmarin abstreifen, grob hacken. Mit 2 EL Öl, Salz und Pfeffer verrühren. Fleisch mit dem Würzöl einreiben.

2 Paprika halbieren, putzen, waschen und in 2 cm große Rauten schneiden. Zwiebel schälen, halbieren, in feine Streifen schneiden. Übriges Öl erhitzen, Zwiebeln und Paprika darin 3 Min. anbraten. Brühe angießen, aufkochen, zugedeckt 5–7 Min. dünsten. Mit Salz, Pfeffer und Essig würzen.

3 Inzwischen eine Grillpfanne stark erhitzen, Filets auf jeder Seite 5 Min. braten. Mit der Perperonata anrichten. Dazu passt Baguette.

HÄHNCHEN MIT CRANBERRY-COUSCOUS

Orientalisch angehaucht

2 Hähnchenkeulen (à ca. 300 g)
2 EL Olivenöl
½ TL rosenscharfes Paprikapulver
1 EL Zitronensaft
2 TL flüssiger Honig
Salz
Pfeffer
150 ml Hühnerbrühe
150 g Instant-Couscous
2 EL getrocknete Cranberrys
½ Zimtstange
½ EL weiche Butter
2 EL TK-Petersilie
Zubereitung: 30 Min.
pro Portion ca. 680 kcal

1 Hähnchenkeulen waschen, trocken tupfen, im Gelenk teilen. 1 EL Öl, Paprikapulver, Zitronensaft, Honig, Salz und Pfeffer verrühren, Keulen damit bestreichen. Übriges Öl in einer Pfanne erhitzen, Keulen bei mittlerer Hitze in 25 Min. goldbraun braten, zwischendurch wenden.

2 Inzwischen in einem Topf Brühe aufkochen, Couscous, Cranberrys und Zimt zufügen, 3 Min. zugedeckt quellen lassen. Mit Pfeffer würzen. Butter und Petersilie unter den Couscous heben. Zu den Hähnchenkeulen servieren.

RINDFLEISCH AUS DEM WOK

Fernöstlich delikat

300 g Minutensteaks vom Rind
1 TL gemahlener Koriander
Salz
Pfeffer
100 g Bambussprossen (Dose)
125 g Zuckerschoten
1 EL Erdnussöl
2 EL Cashewkerne
2–3 EL Sojasauce
125 ml Hühnerbrühe
1 TL Speisestärke
Zubereitung: 30 Min.
pro Portion ca. 360 kcal

1 Fleisch in feine Streifen schneiden. Mit Koriander, Salz und Pfeffer würzen. Bambussprossen abtropfen lassen, in dünne Scheiben schneiden. Zuckerschoten waschen und putzen.

2 Öl im Wok erhitzen. Fleisch und Cashewkerne darin von jeder Seite bei starker Hitze 1 Min. anbraten, herausnehmen. Bambussprossen und Zuckerschoten im heißen Bratenfett 3–4 Min. dünsten. Fleisch dazugeben, mit Sojasauce und Brühe ablöschen. Speisestärke mit 2 EL Wasser verrühren, unter das Gericht mischen, kurz kochen, bis es gebunden ist.

FILETSTREIFEN IN DREI-PFEFFER-RAHM

Kostbar und köstlich verfeinert

300 g Rinderfilet
1 ½ EL Rapsöl
Salz
Pfeffer
2 EL Cognac (nach Belieben)
100 ml Rinderfond (Glas)
125 g Crème double
je 1 TL schwarze und rosa Pfefferkörner
2 TL grüne Pfefferkörner (Glas)
1/4 Bund Schnittlauch
Zubereitung: 25 Min.
pro Portion ca. 505 kcal

1 Filet trocken tupfen, in sehr dünne Scheiben schneiden. Öl in Pfanne erhitzen, Filetstreifen darin in 1–2 Min. bei starker Hitze anbraten. Salzen und pfeffern, aus der Pfanne nehmen.

2 Bratensatz mit Cognac ablöschen, einkochen lassen. Fond und Crème double zugeben, unter Rühren 5 Min. kochen lassen. Alle Pfefferkörner grob schroten oder zerstoßen, dazugeben und weitere 2 Min. garen. Filetstreifen hinzufügen, aufkochen lassen, salzen. Schnittlauch waschen, in Röllchen schneiden, darüberstreuen. Dazu passen Nudeln oder Reis.

GEFÜLLTE SCHWEINE-STEAKS MIT RICOTTA

Raffiniertes alla italiana

4 Schweinelendensteaks (à 80–100 g)
50 g Ricotta
1 EL Semmelbrösel
2 TL Tomaten-Pesto
Salz, Pfeffer
8 Basilikumblätter
2 EL Olivenöl
1 Knoblauchzehe
6 Salbeiblätter
100 ml Marsala
Holzstäbchen

Zubereitung: 30 Min.
pro Portion ca. 410 kcal

1 Steaks als Schmetterlingssteaks quer auf-, aber nicht durchschneiden, waschen und trocken tupfen. Ricotta mit Bröseln, Pesto, Salz und Pfeffer mischen, mit je 2 Basilikumblättern auf eine Fleischhälfte geben. Fleisch zuklappen. Mit Holzstäbchen zustecken, salzen und pfeffern.

2 Öl in Pfanne erhitzen. Steaks auf jeder Seite 5 Min. braten. Knoblauch schälen, in Scheiben schneiden, mit Salbei dazugeben und 1 Min. mitbraten. Alles herausnehmen, warm halten. Bratensatz in Pfanne mit Marsala ablöschen, 2–3 Min. einkochen, salzen und pfeffern. Sauce zum Fleisch servieren.

SCHWEINEFILET MIT MEXIKO-GEMÜSE

Feines Feierabendessen

300 g Schweinefilet
2 EL Olivenöl
½ TL Chilipulver, Salz
2 kleine rote Zwiebeln
2 Tomaten
1 kleine Dose Mais (ca. 140 g)
150 g TK-Erbsen
½ TL getrockneter Oregano
Pfeffer
2 Schaschlikspieße

Zubereitung: 30 Min.
pro Portion ca. 410 kcal

1 Filet trocken tupfen, in 6 dicke Scheiben schneiden, je 3 Scheiben quer auf einen Spieß stecken. Mit einer Marinade aus 1 EL Öl, Chilipulver und Salz bestreichen. Zwiebeln schälen, in dünne Ringe schneiden. Tomaten waschen und würfeln. Mais abtropfen lassen.

2 Backofengrill vorheizen. Fleisch auf dem Gitterrost (oben) 6–8 Min. grillen, zwischendurch wenden. Inzwischen übriges Öl erhitzen. Zwiebeln glasig dünsten. Tomaten, Mais, Erbsen und Oregano zugeben und bei milder Hitze 5 Min. mitdünsten. Mit Salz und Pfeffer würzen. Mit den Spießen anrichten. Dazu passt Stangenweißbrot.

LAMMRÖLLCHEN MIT JOGHURT-DIP

Auch super vom Grill

2 Lammlachse
(à ca. 180 g)
Salz, Pfeffer
80 g rote Paprikaschoten (Glas; gegrillt, gehäutet)
50 g Feta
4 TL Kräuterbutter
2 TL Olivenöl
100 g Sahnejoghurt
1 TL Zitronensaft
½ Knoblauchzehe
4 Zweige Petersilie
Holzstäbchen
Zubereitung: 30 Min.
pro Portion ca. 735 kcal

1 Fleisch trocken tupfen, längs halbieren, plattieren, salzen und pfeffern. Paprika in 1 cm breite Streifen schneiden. Feta in Scheiben schneiden. Fleischscheiben mit Kräuterbutter bestreichen, quer mit Paprika- und Fetastreifen belegen. Aufrollen, mit Holzstäbchen zustecken. Eine Grillpfanne erhitzen, mit Öl einstreichen. Röllchen darin rundherum bei mittlerer bis starker Hitze 10-12 Min. braten.

2 Joghurt mit Zitronensaft, Salz und Pfeffer verrühren. Knoblauch schälen, dazupressen. Petersilie waschen, abzupfen, hacken und unterheben. Dip zu den Röllchen servieren.

SCHNITZEL TOMATE-MOZZARELLA

Italienisch inspiriert

2 Putenschnitzel (à ca. 160 g)
2 Tomaten
125 g Mozzarella
2 EL Olivenöl
Salz
Pfeffer
1 TL getrockneter Oregano
Basilikumblätter
Zubereitung: 30 Min.
pro Portion ca. 430 kcal

1 Backofen auf 180° (Umluft 160°) vorheizen. Schnitzel waschen und trocken tupfen. Tomaten waschen, in Scheiben schneiden. Mozzarella abtropfen lassen, ebenfalls in Scheiben schneiden.

2 1 EL Öl in einer Pfanne erhitzen. Schnitzel darin bei starker Hitze von jeder Seite 2 Min. scharf anbraten, mit Salz und Pfeffer würzen.

3 Schnitzel in eine Gratinform legen, mit Tomaten- und Mozarellascheiben abwechselnd überlappend belegen. Salzen und pfeffern, mit Oregano bestreuen und mit übrigem Olivenöl beträufeln. Im Ofen (Mitte) 10 Min. backen, bis der Käse leicht geschmolzen ist. Mit Basilikum bestreut servieren.

REGISTER

IMPRESSUM

Autorin: Martina Kittler, erfahrene und begeisterte Food-Autorin präsentiert rasendschnelle, alltagstaugliche Last-minute-Rezepte für jeden Hunger, die leicht gelingen und in jede Handtasche passen.

Fotografen: Anne Rogge und Jan Jankovic, das junge Fotografenteam mit Sitz in Düsseldorf fotografiert am liebsten Food, Architektur, Menschen und Orte.
Für das Foodstyling waren Anne Rogge und Christoph Maurer verantwortlich, Fotoassistentin war Magdalena Stengel.

Bildnachweis: Alle Fotos von Rogge & Jankovic

Syndication:
www.syndication.de

Illustrationen: Shutterstock images UC

Projektleitung: Monika Greiner
Lektorat: Margarethe Brunner
Korrektorat: Waltraud Schmidt
Cover und Innenlayout: Independent Medien-Design, Horst Moser, München
Herstellung: Markus Plötz
Satz: Christopher Hammond
Reproduktion: Longo AG, Bozen
Druck: Printed in China

ISBN 978-3-8338-2626-9

1. Auflage 2012

GRÄFE UND UNZER

Ein Unternehmen der
GANSKE VERLAGSGRUPPE